USAGES LOCAUX

AYANT FORCE DE LOI

DANS LE

DÉPARTEMENT DE LA MEUSE

PRIX : **1** franc

Franco par la poste : **1** fr. **20**

BAR-LE-DUC

IMPRIMERIE CONTANT-LAGUERRE

1900

USAGES LOCAUX

AYANT FORCE DE LOI

DANS LE DÉPARTEMENT DE LA MEUSE

ANNEXE

à la délibération du Conseil général de la Meuse, n° 20, du 26 août 1876.

SOMMAIRE :

	Pages.		Pages.
Affouages	7-25-32	Fosses et fossés. — Distance et profondeur	5-11
Arbres	5	Glanage	7-24
Bans de vendanges	7-24	Grappillage	7-25
Baux à cheptel	22	Haies	5-10
— à ferme. — Durée	18	— de clôture. — Hauteur	10
— — Entrée en jouissance	18	— Distance	10
— — Époque et délai des congés	15-18	Haute futaie	8
— — Paiements	18	Locations d'usines	21
— — Tacite reconduction	19	Louages	4
— à loyers. — Congés	15-18	— d'industrie	6-21
— — Durée	15	Maisons. — Louage	6
— — Paiements	16	Minières	26
— — Réparations locatives, entretien	16	Moissons	24
— — Tacite reconduction	16-19	Murs de clôture. — Hauteur	10
— d'ouvrage et d'industrie	4-21	Murs mitoyens	10
Biens ruraux. — Louage	6	Obligations ou contrats	20
Bois, taillis	8	Parcours	22
Carrières	26	Passages. — Droits	27
Clôtures	4-10	Pierriers communs	7
Constructions	5-13	Plantations. — Distance	12
— Voisins	13	Prises d'eau	8
Contrats ou obligations	6-20	Râtelage	25
Contre-murs	13	Sous-locations	22
Curage des cours d'eau	9	Tolérances d'agriculture	7
Droits de passage	27	Tournières	7-26
Eaux	4	Usufruit. — Bois, taillis, etc	4-8
Échalas. — Produits	8	Vaine pâture	22-28
Fenaison	24	Vente au poids et à la mesure	25
Fermiers. — Obligations des fermiers entrants et sortants	20	Vices rédhibitoires	15

L'an mil huit cent cinquante-cinq, le vendredi premier juin, à deux heures de relevée,

En conséquence de l'arrêté de M. le Préfet de la Meuse, en date du 24 avril 1855, et sur la convocation de M. Henriot, juge de paix du canton de Bar-le-Duc,

La commission près le canton de Bar-le-Duc, ayant pour mission de rechercher et de constater les usages locaux, s'est réunie à Bar-le-Duc, dans la pièce servant de chambre du conseil du tribunal civil de ladite ville.

Étaient présents :

MM. HENRIOT, juge de paix, *président;*
Félix GILLON, président du tribunal civil, membre du Conseil général;
HUGUET, père, membre de la chambre d'agriculture;
CHASTEL, notaire, à Bar-le-Duc;
BONNE, docteur en droit, avoué, à Bar;
CHASTEL, président de la chambre des avoués;
DUMESNIL, président de la chambre des notaires;
MILLON, Claude, propriétaire-agriculteur et avocat, à Bar.

M. HENRIOT occupe le fauteuil de *président.*

M. CHASTEL, notaire, comme le plus jeune des membres, remplit les fonctions de secrétaire.

Le PRÉSIDENT déclare la séance ouverte.

Il donne lecture de l'arrêté préfectoral précité, ainsi conçu :

« *Le Maître des requêtes au Conseil d'État, chevalier de l'ordre impérial de la Légion d'honneur, Préfet de la Meuse,*

« Vu la circulaire de M. le Ministre de l'agriculture, du commerce et des travaux publics, en date du 15 février dernier, portant qu'il sera établi dans chaque canton une commission appelée à recueillir et à constater tous les usages locaux, c'est-à-dire ceux qui ne sont pas le résultat évident ou direct d'un article de la loi et auxquels les applications qui en sont faites dans quelques localités ou dans la plupart d'entre elles, donnent un véritable caractère de généralité;

« Sur les propositions de Messieurs les Sous-Préfets,

« *Arrête :*

« ARTICLE PREMIER. — Il sera institué dans les vingt-huit cantons dont se compose le département de la Meuse, une commission qui aura pour mission de rechercher et de constater tous les usages locaux.

« ART. 2. — Sont nommés membres de ces commissions :

Canton de Bar-le-Duc.

« MM.

« Le JUGE DE PAIX, *président;*
« GILLON Félix, membre du Conseil général, à Bar-le-Duc;
« HUGUET, père, membre de la chambre consultative d'agriculture, à Bar-le-Duc;
« DUMESNIL, président de la chambre des notaires, à Bar-le-Duc;
« BONNE, avoué, docteur en droit, à Bar-le-Duc;
« CHASTEL, notaire, à Bar-le-Duc;
« MILLON, Claude, propriétaire-agriculteur, à Bar-le-Duc;
« CHASTEL, président de la chambre des avoués, à Bar-le-Duc.

« ART. 3. — Cette commission sera convoquée et installée par les soins de M. le Juge de paix, et s'assemblera toutes les fois qu'il semblera nécessaire.

« Art. 4. — Elle dressera des procès-verbaux de ses séances et nous fera parvenir le résultat de ses recherches.

« Fait et arrêté à Bar-le-Duc, le 24 avril 1855.

« Signé : Chadenet. »

La commission se déclare constituée.

Elle nomme pour secrétaire M. Chastel.

M. le Président donne ensuite lecture de la copie textuelle de la circulaire ministérielle qui a donné lieu à l'institution de la présente commission.

La dernière phrase est dans les termes suivants :

« Cette commission fera son travail qui sera vérifié par une commission centrale établie près de votre préfecture et dans laquelle vous ferez entrer les membres des cours ou tribunaux du chef-lieu, ainsi que plusieurs des jurisconsultes des plus renommés. »

A la suite se trouve un extrait de la circulaire du 26 juillet 1844, ainsi conçu :

« Plusieurs conseils généraux de départements ont exprimé le vœu que l'on s'occupât de constater et de recueillir des usages locaux auxquels se réfèrent diverses dispositions législatives.

« La loi, en effet, donne à l'usage force de loi dans un grand nombre de cas. Ainsi le Code civil a disposé que l'usufruit du bois (art. 590, 593), l'usage des eaux courantes (art. 644, 645), la hauteur des clôtures dans les villes et faubourgs (art. 663), les distances à garder entre les héritages pour les plantations d'arbres de haute tige (art. 671), les constructions susceptibles par leur nature de nuire aux voisins (art. 674), les délais à observer pour les congés des locations et les paiements des sous-locations (art. 1736, 1738, 1753, 1758, 1759), les réparations locatives ou de menu entretien (art. 1754, 1757), les obligations de fermiers entrant et sortant (art. 1777), auraient généralement pour règle l'usage des lieux, les règlements particuliers, les coutumes; de même la loi du 28 septembre-6 octobre 1791 qui régit la police rurale, renvoie pour ce qui concerne le glanage, la vaine pâture, le parcours, à l'usage local immémorial et aux coutumes, de même encore la loi du 14 floréal an XI subordonne aux anciens règlements et usages locaux, la décision des travaux qui ont pour objet le curage des canaux et rivières non navigables et l'entretien des ouvrages d'art qui y correspondent ».

La commission examine ensuite tous les points sur lesquels doit porter son travail. Le résultat des recherches faites par chacun des membres en particulier, sera consigné aux procès-verbaux.

Le jour de la seconde réunion sera fixé par M. le Président de la commission.

De ce qui précède a été dressé le présent procès-verbal, les jour, mois et an que dessus.

Et les membres présents ont tous signé après lecture.

RÉSUMÉ DU TRAVAIL
DE LA COMMISSION CANTONALE DE BAR-LE-DUC.

L'an mil huit cent cinquante-cinq, le mercredi quatre juillet, à quatre heures de relevée, en la pièce servant de chambre de conseil du tribunal civil.

Sur la convocation de son président, la commission instituée près le canton de

Bar-le-Duc, pour la constatation et la recherche des usages locaux, s'est réunie pour consigner le résultat de son travail.

Étaient présents tous les membres qui la composent.

La commission ayant considéré que sa mission consistait à constater les usages et coutumes auxquels le Code se réfère pour l'application de la loi, ou qui sont restés en vigueur par suite du silence du législateur, n'a dirigé ses recherches que dans ce sens.

Elle ne s'est pas occupée des usages maintenus dans une localité, sans être obligatoires selon la loi. — Si quelques-uns se trouvent signalés, ce n'est qu'à titre de renseignement, sur l'invocation qui en est souvent faite devant les tribunaux.

USAGES DU CANTON DE BAR.
(Code civil).

Usufruit. — D'après les termes de l'article 590, « l'usufruitier d'un bois taillis est tenu d'observer l'ordre et la qualité des coupes, conformément à l'aménagement, à l'usage constant des propriétaires : il peut tirer des arbres d'une pépinière, sans la dégrader, à la charge de se conformer aux usages des lieux pour leur remplacement ».

Il n'existe dans le canton de Bar aucun usage constant et régulier pour l'aménagement des bois.

L'exploitation du taillis a lieu en moyenne de 20 à 25 ans pour les essences de bois dur, et de 8 à 10 ans pour les essences de bois blanc.

Il n'y a aucun usage pour remplacer les arbres des pépinières.

Selon les dispositions de l'article 593, « l'usufruitier peut prendre dans les bois des échalas pour les vignes, il peut prendre aussi sur les arbres des produits annuels ou périodiques; le tout suivant l'usage du pays ou la coutume des propriétaires ».

Aucun usage n'est à constater en ce qui concerne les échalas.

Les arbres qui sont soumis à l'élagage ou à la tonte dont les produits profitent à l'usufruitier sont les saules et les peupliers.

Les coupes ont lieu périodiquement de la quatrième à la sixième année inclusivement. Elles commencent vers le 1er novembre et ne se prolongent pas au delà du 1er mars, quelle que soit la nature des terrains.

Eaux. — L'article 645 dispose que : « Dans les contestations sur l'usage des eaux courantes, les tribunaux doivent observer dans tous les cas les règlements particuliers et locaux sur l'usage et le cours des eaux ».

Il n'existe dans le canton aucun règlement particulier pour l'irrigation et l'emploi des eaux des ruisseaux et rivières qui le traversent. — Il en est de même pour le curage.

Les usines sont en petit nombre : on ne leur reconnaît pas de droit à des francs bords.

Clôtures. — « L'article 663 ne détermine la hauteur des murs de clôture entre voisins qu'à défaut de règlements particuliers ou d'usages constants et reconnus qui fixeraient cette hauteur ».

Il n'y a aucun usage pour la hauteur, l'épaisseur et le mode de construction des murs.

Souvent, dans un mur de séparation entre deux immeubles, le droit de mitoyenneté n'est pas constaté par un chaperon déversant les eaux sur les deux propriétés. Dans la moitié de sa longueur, la sommité du mur déverse les eaux sur une propriété, et dans l'autre moitié elle déverse les eaux sur l'autre immeuble. Chaque propriétaire entretient alors la partie dont il reçoit les eaux.

Lorsque la séparation est une palissade de bois, la mitoyenneté est aussi indiquée par l'application du landrage présentant dans la longueur une moitié avec parement des landres, et l'autre moitié avec la cavité des poteaux. Chacun des propriétaires entretient la portion de la palissade où le parement des landres regarde sa propriété. Si le parement des landres se trouve dans toute la longueur de l'immeuble, la clôture dépend de cet immeuble.

Fossés. — Malgré l'absence de règlements et de lois au sujet des fossés servant de clôture, de défense ou de voie d'irrigation, il est d'usage d'observer une distance de manière à préserver l'héritage voisin des éboulements et à ne pas entraver la culture à défaut d'espace suffisant pour le passage des chevaux.

Celui qui ouvre un fossé sur son terrain laisse habituellement un passage de $0^m,50$ entre le talus de ce fossé et la propriété du voisin sans variation, quelle que soit la profondeur du fossé.

Haies. — L'usage suivi antérieurement au Code pour la plantation des haies était d'observer la distance de $0^m,50$ entre le point de plantation et la limite de l'héritage voisin, telle qu'elle a été prescrite par l'article 671 pour le cas où il n'existerait ni règlements ni usages.

Les haies peuvent être en toutes sortes d'essences.

Arbres. — Il n'y a aucun usage ou règlement particulier dérogeant aux limites imposées par l'article 671 pour la plantation des arbres à haute tige, quelle que soit leur essence.

Le propriétaire de l'héritage voisin récolte tous les fruits garnissant les branches qui se trouvent au-dessus de sa propriété.

Constructions. — A l'égard des anciens règlements et usages particuliers maintenus par l'article 674 pour les constructions, on exécute, dans le canton, la coutume de Bar, notamment les articles qui vont être rappelés.

« ART. 174. — En mur mitoyen, le premier qui assied ses cheminées l'autre ne lui peut faire ôter et reculer, en faisant la moitié dudit mur et une *chantille* (1) pour contre-feu ; mais quant aux landrons et jambages et cimaises ou abouties, il peut percer ledit mur tout outre pour les asseoir à fleur dudit mur, pourvu qu'elles ne soient à l'endroit des jambages ou cimaises du premier bâtisseur ».

« ART. 183. — Aucun ne peut faire chambre, coyes, fours (2), puits, privés et fossés de cuisine, pour tenir eaux de maisons auprès du mur mitoyen qu'on ne laisse franc ledit mur, et avec ce doit être faite muraille, aux dangers et dépens de celui qui bâtit, d'épaisseur de deux pieds et autres suffisante ».

Indépendamment des articles du coutumier, on observe encore pour l'application les usages suivants :

Les jambages des cheminées sont toujours encastrés dans la moitié au moins de l'épaisseur des murs mitoyens.

---

(1) D'après le commentaire de la Faige cela s'entend depuis la batte de l'âtre jusqu'à un pied et demi au-dessus, soit $0^m,48$, selon la coutume de Paris.

(ART. 189). — Une chantille est un contre-mur de tuileaux ou autre chose suffisante d'un demi-pied d'épaisseur, soit $0^m,18$.

(2) La disposition concernant les fours s'applique également aux fours et fourneaux.

Les cheneaux ou chanlattes des toitures sont ordinairement placés en saillie sur le mur mitoyen lorsque l'une des maisons est plus élevée que l'autre.

Les pièces de bois ou poutres des planchers et des toitures reposent sur toute l'épaisseur des murs mitoyens.

Lorsqu'on rétablit une façade qui se trouve entre deux autres, on démolit ces dernières de manière à les liaisonner avec la nouvelle en réparant le tout convenablement.

Contrats ou obligations. — Aux termes des articles 1135 et 1160, les conventions obligent non-seulement à ce qui est exprimé, mais encore à toutes les suites que l'équité, l'usage ou la loi donnent à l'obligation.

En ce qui concerne l'usage suivi dans certaines contrées pour la vente des choses qui se livrent au poids, à la douzaine ou au cent, qui consiste à délivrer une quantité, ou un nombre déterminé pour chaque douzaine ou chaque centaine vendue, il n'en existe de constant dans le canton que celui de vendre le porc corps vide et les pattes en bas, c'est-à-dire sans peser les pattes ni l'intérieur.

Louages.

Maisons. — A défaut d'écrit, le bail d'une maison et d'un appartement est censé fait à l'année; celui d'une chambre meublée et d'une boutique de tisserand, au mois.

Les délais observés pour signifier ou recevoir congé d'une maison ou d'un appartement non meublé sont de six semaines, si le loyer est au-dessous de 100 francs, et de trois mois, s'il est supérieur (Jugement, tribunal civil, Bar, 23 avril 1845).

Les époques usitées à l'égard des maisons et appartements sont pour les entrées et sorties, ainsi que pour le paiement des loyers : la Saint-Jean et Noël, soit le 24 juin et le 25 décembre.

La location des chambres garnies n'a encore donné lieu à aucun usage constant; en général, on se prévient respectivement 15 jours à l'avance pour donner congé.

Les délais de congé ne sont pas calculés jour par jour, et le locataire est obligé d'attendre pour sa sortie les époques usitées comme termes de location.

Le locataire n'a aucun jour de grâce pour déménager et faire les réparations.

Il n'est tenu à aucune autre réparation particulière que celles indiquées en l'article 1754, Code civil.

Il n'existe aucun usage pour les sous-locations.

Biens ruraux. — A défaut de bail écrit pour les biens ruraux, ils sont censés loués pour trois années, période de l'assolement.

L'entrée en jouissance des fermiers a lieu à la Saint-Georges, 23 avril, et le premier paiement ne se fait *que le 11 novembre de l'année suivante.* Le fermier entrant prend possession des chènevières, des prés et des versaines, il récolte toutes les semences qui s'y trouvent.

Louage d'industrie. — Les domestiques sont loués à l'année : ceux des villes doivent être avertis huit jours avant leur sortie.

Le maître qui n'accorde pas ces huit jours est tenu, outre le gage, pendant ce délai, de payer une indemnité de nourriture et de logement.

Le serviteur qui ne reste pas pendant cette période doit tenir compte du salaire d'un homme ou d'une femme de journée, selon son sexe et son emploi.

En cas de méfait, le domestique est mis immédiatement dehors sans indemnité.

Les vignerons à façon doivent terminer ce qu'ils ont commencé; leurs travaux commencent par le défrichage, aussitôt la vendange, et comprennent tout ce que la culture de la vigne nécessite, à la seule exception de la vendange.

Le vigneron qui entreprend la façon d'une vigne, sans réserve de provignage à part, doit faire de 1.000 à 1.200 fosses par 34 ares 67 centiares.

Ils sont payés en deux fois, moitié dans le mois de mai après le provignage, et l'autre moitié en septembre, aussitôt la vendange.

Tolérances d'agriculture. — Les besoins de l'agriculture exigent entre voisins une tolérance réciproque qu'il serait assez difficile de préciser complètement et qui a souvent tous les caractères d'une servitude due en vertu d'un usage immémorial auquel tout le monde se conforme.

Il n'existe pas de droit de parcours en Lorraine; la vaine pâture est d'usage dans le canton.

Tournières. — Toutes les terres servant de tournières, c'est-à-dire sur lesquelles aboutissent plusieurs parcelles, doivent avoir plus que leur contenance comme indemnité de la surmarche qu'elles sont obligées d'accorder aux aboutissants pour faire tourner les chevaux et la charrue.

Pierriers communs. — Rien n'est précis dans le canton pour l'étendue de cette tolérance.

Il existe encore dans les vignes quelques pierriers communs où chaque propriétaire, dans un certain rayon, peut déposer les pierres enlevées de son héritage.

Bans de vendanges. — Toutes les communes, à l'exception de Bar-le-Duc, ont conservé l'usage des bans de vendanges (1).

Il n'existe pas de ban de fenaison. Le ban de moisson est suivi.

Comme principes généraux, les terres doivent passage aux terres, les prés passage aux prés, sans indemnité, lors même qu'un propriétaire aurait clos le passage arbitrairement en cultivant un rayon de semences ou plantes au moyen desquelles il changerait l'ordre des saisons.

Glanage. — Le glanage n'est pas en usage.

Grappillage. — Dans les communes où le ban de vendanges est maintenu, le grappillage est d'usage aussitôt la vendange terminée.

Dans la commune de Bar, il n'est plus permis de grappiller, puisque l'on ne peut préciser l'époque de la fin des vendanges. Le délinquant est même poursuivi d'office, lors même que le propriétaire se désisterait de toute poursuite.

Affouages. — Dans les communes ayant droit à des portions de bois comme affouage, la répartition a lieu par feu et par portions égales.

La commission n'a pu établir les titres qui réglaient ces droits, ni les prescriptions et interruptions ou modifications qui ont pu survenir.

Pour la délivrance des affouages, on se conforme aux dispositions de l'avis du conseil d'État, du 26 avril 1808 (2).

Tels sont les résultats des recherches de la commission du canton de Bar-le-Duc.

---

(1) Voir les renseignements donnés page 24.
(2) Voir page 32 le texte de la loi du 23 novembre 1883 qui a modifié l'ancienne réglementation relative au partage des bois d'affouages.

DÉPARTEMENT DE LA MEUSE.

USAGES LOCAUX
AYANT FORCE DE LOI DANS LE DÉPARTEMENT DE LA MEUSE.

CHAPITRE PREMIER
Usufruit.
(Article 590, Code civil).

Bois, taillis. — Le taillis en forêt s'aménage :
A Ligny, par 20 ans;
A Bar-le-Duc, Void et Clermont, par 20 à 25 ans. Cependant, à Clermont, on coupe à 15 ans si les bois ont peu d'étendue, et à 8 et 12 ans s'ils ont été plantés;
A Triaucourt, Vavincourt, Pierrefitte, Dun, Charny et Varennes, par 25 ans;
A Gondrecourt et Souilly, par 25 et 30 ans.
Les bois tendres sont coupés :
A Triaucourt, tous les 8 ans ;
A Bar-le-Duc et à Dun, à 8 et à 10 ans;
A Ligny, tous les 10 ans.
Les saules, peupliers et tous autres arbres soumis à la tonte sont aménagés par 4 à 6 ans.
Il n'y a pas d'usage pour les pépinières.

Haute futaie (Art. 591, Code civil). — A Pierrefitte, mais pour cette commune seulement, on doit laisser 100 baliveaux par hectare, sans cependant que cet usage soit régulièrement suivi.
Dans le canton de Clermont, on compte un tiers de la réserve qu'on remplace par autant de baliveaux quand les bois sont non plantés; mais quand ils sont plantés, sans qu'il y ait d'usage constant, on laisse ordinairement 200 à 250 pieds d'arbres par hectare.
A Souilly, il est d'usage dans le canton de laisser par hectare 10 arbres anciens, 30 arbres dits modernes et 100 arbres plus jeunes appelés baliveaux.
A Ligny, chaque propriétaire exploite la haute futaie à son caprice, mais le plus ordinairement après la seconde exploitation du taillis.
Les commissions des autres cantons n'ont rien dit de la haute futaie.

Échalas. — *Produits* (Art. 593). — Aucune des commissions ne s'est occupée des échalas, que l'usufruitier peut prendre dans les bois pour l'entretien des vignes, si ce n'est à Montiers, où il est dit qu'il n'est pas d'usage de prendre des échalas dans les bois grevés d'usufruit.

CHAPITRE II
De l'usage des eaux courantes.

Prises d'eau (Art. 644-645). Dans les cantons de :

LIGNY. — Chacun prend de l'eau pour irriguer et pour le roulement des usines, sans qu'aucun usage limite l'étendue de ce droit. Lorsqu'il existe des usines, on doit faire en sorte qu'il ne résulte aucun préjudice, pour leur roulement, des prises d'eau par les propriétaires riverains. Si ces usines sont construites sur un canal de dérivation, ce canal est leur propriété exclusive, et on lui reconnaît, même en l'absence de titres, des francs-bords d'une largeur de 3^m,50.

Saint-Mihiel. — Les droits de chaque propriétaire riverain sont déterminés, soit par des conventions particulières, soit par l'autorité administrative ou judiciaire, relativement au mode de jouissance, avec indication des jours et heures pendant lesquels chaque propriétaire peut irriguer.

Charny. — Les propriétaires riverains doivent s'entendre pour se faire une égale distribution des eaux; et aux jours et heures fixés, chaque propriétaire en use pour l'irrigation de sa propriété; lorsqu'il s'élève des contestations, elles sont vidées en ce sens.

Clermont. — Pour trois communes seulement : Brabant, Brocourt et Jouy, il est d'usage que l'eau peut être jetée hors du cours, soit dirigée dans une rigole placée en tête de la contrée ou côtoyant un certain nombre de propriétés; et, dans cette rigole, chacun prend de l'eau pour ses besoins, quelquefois en proportion de la sécheresse qui règne, car alors on limite le temps pendant lequel chacun doit en user.

Pierrefitte. — Pour trois communes seulement : Kœur-la-Grande, Lahaymeix et Sampigny, les riverains des ruisseaux se servent des eaux pour l'irrigation, chacun à son tour et pendant un temps proportionnel à l'étendue des propriétés.

Vaucouleurs. — Les eaux de la Meuse et des ruisseaux du canton ne sont employées qu'au service des usines dont le règlement a lieu par titres et conventions particulières.

Montiers-sur-Saulx, Triaucourt, Vavincourt, Commercy, Gondrecourt, Varennes, et pour les autres communes du canton de Clermont, chaque propriétaire riverain prend de l'eau pour ses besoins : toutefois dans le canton de Montiers-sur-Saulx on doit faire en sorte de ne pas nuire aux usines.

Les commissions des autres cantons constatent qu'il n'existe aucun usage ou ne disent rien des eaux courantes.

Curage. — Ligny, Commercy, Vaucouleurs, Dun, Stenay, Charny, Souilly. — Le curage a lieu par moitié entre les riverains, chacun en face de sa propriété ou en commun : les ouvrages d'art et les ponts sont le plus ordinairement supportés par les communes ou les propriétaires d'usines. A Ligny, Montiers, les canaux de dérivation, biefs, sous-biefs, sont curés par les propriétaires d'usines.

Triaucourt, Vaubecourt, Étain, Varennes. — Ce sont les lois et règlements qui régissent le mode de curage. Seulement à Varennes il est d'usage, quand il s'agit de canaux alimentant des moulins et usines, que le curage soit fait aux frais et par les soins des propriétaires de ces moulins et usines.

Saint-Mihiel. — Le curage est déterminé par des conventions particulières constatées par des titres.

Pierrefitte. — Pour la rivière Dumont, prenant sa source à Vadonville, et se jetant dans la Meuse, à 1.500 mètres en aval du moulin de Sampigny, il est d'usage que le curage ait lieu : — 1° depuis la Meuse jusqu'au moulin de Sampigny, par le propriétaire de ce moulin ; — 2° depuis ce moulin jusqu'au ruisseau appelé Troublemont, moitié par le propriétaire du moulin de Sampigny; un quart par l'État; un quart par la commune de Sampigny ; — 3° et, à partir du ruisseau le Troublemont, par les riverains. Le tout avec faculté de déposer sur les bords les boues et immondices sans être obligé de les enlever ni de payer d'indemnité aux riverains.

VERDUN. — Les canaux de dérivation traversant la ville ont seuls été curés jusqu'à présent, et cette opération s'est toujours faite aux dépens des riverains. Quant aux ouvrages d'art ils ont été construits et sont encore entretenus par le génie militaire, la ville et les usines intéressées.

Les autres cantons constatent qu'il n'existe aucun usage pour le curage ou ne s'en occupent pas.

CHAPITRE III

Clôtures. — Haies. — Fossés.
(Article 663 du Code civil).

Hauteur des murs de clôture. — Dans les villes de Bar-le-Duc, Ligny, Gondrecourt, Vaucouleurs, Stenay, Étain, Verdun, Varennes et dans le canton de Vigneulles, on se conforme aux dispositions de l'article 663 du Code civil, sauf à Étain où les murs des jardins ont deux mètres de hauteur.

Seulement à Bar-le-Duc, il arrive souvent que dans un mur de séparation le droit de mitoyenneté n'est pas constaté par un chaperon déversant les eaux sur les deux propriétés. Dans la moitié de sa longueur la sommité du mur déverse les eaux sur une propriété, et dans l'autre sur l'autre immeuble : chaque propriétaire entretient alors la portion dont il reçoit les eaux.

Lorsque la séparation est en palissade de bois, la mitoyenneté est aussi indiquée par l'application du landrage présentant dans la longueur une moitié avec parement des landres et l'autre moitié dans la cavité des poteaux. Chacun des propriétaires entretient la portion de la palissade où le parement des landres regarde sa propriété ; si le parement des landres se trouve dans toute la longueur de l'immeuble, la clôture dépend de cet immeuble.

A Commercy, Saint-Mihiel, Montmédy et Clermont, les murs ont 2 mètres, sauf pour les palissades entre cours et jardins ; à Commercy $1^m,20$, à Clermont 1 à 2 mètres avec faculté de garnir les murs et palissades de paliers appuyés ou attachés sur treillis et dépassant la hauteur des murs de $0^m,60$ à 1 mètre. Dans les cantons de Montiers et Souilly, 2 mètres sur une épaisseur de $0^m,50$. Dans le canton de Vavincourt $1^m,30$.

A Montmédy, les murs de terrasses appartiennent au propriétaire supérieur, et restent à sa charge : seulement l'élévation au-dessus du sol se fait à frais communs, si la mitoyenneté en est acceptée.

Hauteur des haies de clôture (Art. 671). — Cette hauteur est fixée dans les cantons ci-après : Saint-Mihiel, 2 mètres ; Commercy, Montmédy, $1^m,50$; Triaucourt, 1 mètre à $1^m,50$; Vavincourt, Varennes, $1^m,30$, sauf pour Varennes, les palissades et haies sèches qui ont 1 mètre ; Montfaucon, Étain, 1 mètre ; Souilly, $1^m,20$; Clermont, 1 mètre à $1^m,33$; Stenay, 1 mètre à $1^m,30$.

A Vaucouleurs, Vigneulles, Void, on observe la hauteur déterminée par la loi.

Il n'y a aucune hauteur déterminée pour les cantons de Montiers-sur-Saulx, Damvillers, Dun, Spincourt.

Les commissions des autres cantons ne se sont pas prononcées sur la hauteur des haies de clôture.

Distance des haies (Art. 671 et 672). — Dans les cantons d'Ancerville, Bar-le-Duc, Gondrecourt, Saint-Mihiel, Vigneulles, Void, Dun, Spincourt, Clermont, Varennes et Souilly, on observe les distances déterminées par le Code. Cependant à Montiers-sur-

Saulx, quand il s'agit de haies mortes, on les plante à la limite de la propriété; il en est de même à Souilly.

Dans le canton de Charny, la distance est également de 0^m,50 pour la plupart des communes, et pour les autres de 1 mètre.

Canton d'Étain. — La coutume de Verdun, comprenant les communes d'Abaucourt, Blanzée, Boinville, Braquis, Damloup, Eix, Foameix, Fromezey, Gincrey, Grimaucourt, Hautecourt, Herméville, Maucourt, Mogeville, Morgemoulin, Moulainville, Ornel, Warcq, détermine la distance à observer dans la plantation des haies vives près des terres labourables à 1 mètre; il est d'usage pour les cas non prévus par les coutumes du lieu de recourir aux coutumes du lieu le plus voisin. L'usage généralement adopté dans le canton d'Étain est de tondre les haies tous les ans et de les réduire à la hauteur de 1 mètre.

Dans le canton de Souilly, il est d'usage de clôre en commun les terrains qui tiennent aux habitations respectives; si la clôture est formée d'une haie vive ou sèche, ou même d'un mur, elle est entretenue dans toute sa longueur indivisiblement par les propriétaires; si, au contraire, la clôture est en palissade, chaque voisin se charge d'une partie distincte, et pour reconnaître cette partie, la saillie que forment les traverses et poteaux est placée du côté du propriétaire chargé de l'entretien.

Canton de Verdun. — 1 mètre.

Pour les autres cantons, il n'a rien été dit par les commissions.

Distance et profondeur des fossés. — La distance et la profondeur des fossés varient dans tous les cantons. Elles sont fixées ainsi qu'il suit : dans les cantons de Bar-le-Duc, Montiers-sur-Saulx, Vaubecourt, 0^m,50 de distance.

Pour Montiers seulement, 1 mètre de largeur sur 0^m,50 de profondeur.

Ancerville. — On ne laisse pas de distance dans certaines localités, dans les autres, la distance est indéterminée.

Vavincourt. — On donne au talus une inclinaison à la base égale à la profondeur du fossé; mais plus généralement on laisse une distance de 0^m,30 à 0^m,50.

Gondrecourt. — Autrefois la distance était de 0^m,50, actuellement les fossés sont creusés à la limite des propriétés avec un talus proportionnel à la profondeur.

Saint-Mihiel. — On laisse un franc-bord relativement à la profondeur des fossés et à l'inclinaison des talus.

Void. — Les fossés sont creusés en talus jusqu'à la ligne séparative des héritages, en donnant au talus une inclinaison égale à la moitié de la profondeur.

Montmédy. — Deux usages existent pour la distance. Dans environ la moitié des communes du canton, on ne laisse aucune distance; dans l'autre moitié le fossé est creusé à 0^m,10 et à 0^m,20 de la propriété voisine.

Stenay. — 0^m,32 de distance.

Étain. — 0^m,30 de distance, le talus doit être incliné en raison de la nature du terrain et de la profondeur du fossé.

Charny. — Dans la plupart des communes aucune distance, dans les autres 0^m,33 et 0^m,50, selon la profondeur du fossé.

Souilly. — 0^m,16 de distance, sauf pour les prés, dont les fossés sont creusés à la limite de la propriété. On donne ordinairement aux fossés 0^m,80 d'ouverture sur 0^m,50 de profondeur avec talus proportionnel à cette profondeur et à la nature du terrain.

VIGNEULLES. — On se conforme aux stipulations du Code civil.

DAMVILLERS, DUN, MONTFAUCON, SPINCOURT. — Pas d'usage.

Les commissions des autres cantons n'ont rien dit concernant la distance des fossés.

CHAPITRE IV

Distance des plantations (1).
(Article 671 du Code civil).

Dans tout le département, sauf les exceptions qui vont être signalées, les prescriptions du Code sont observées pour les distances des plantations.

Les arbres à haute tige sont toujours plantés à 2 mètres de la ligne séparative.

Cependant, dans le canton de Commercy, on ne laisse aucune distance pour les arbres plantés près des murs, même non mitoyens, sauf le droit du propriétaire voisin de couper les branches qui s'étendent au-dessus de son héritage.

GONDRECOURT. — Dans ce canton, pour les plantations faites dans les lieux plantés en presque totalité, comme entre deux vignes, deux bois particuliers ou le long d'un ruisseau, on ne laisse aucune distance.

PIERREFITTE. — Dans 18 communes de ce canton il n'y a aucun usage ni règlement pour la distance des plantations; dans les huit autres qui sont : Bannoncourt, Baudrémont, Belrain, Courcelles-aux-Bois, Giméourt, Lahaymeix, Lavallée, Villotte-devant-Saint-Mihiel, on n'observe aucune distance pour la plantation des arbres à haute tige dans les vergers ni pour les arbres qui poussent naturellement. La commission fait remarquer que cet usage ne saurait être considéré comme suffisamment constant et reconnu pour avoir force de loi.

DUN. — Les bois et plantations formant garennes sont à la distance de $0^m,50$; mais il est nécessaire que les garennes aient moins de 25 ans.

La vigne se replante aussi à $0^m,50$ de distance.

CHARNY. — La distance observée pour les vignes est de $0^m,50$, quand l'héritage voisin est une terre, et de $0^m,25$ quand cet héritage est une vigne.

ÉTAIN. — Dans ce canton on ne laisse aucune distance pour les arbres à basse tige, lorsque le terrain est séparé de la propriété voisine par un mur ou des palissades. Si ce mur ou ces palissades appartiennent exclusivement au voisin, les treillages sont fixés au moyen de nombreuses fichées en terre, contre ce mur ou ces palissades, sans y adhérer.

---

(1) Nous pensons utile pour nos lecteurs de mentionner ici, à titre de simple renseignement, un arrêt, en date du 29 décembre 1897, par lequel la Cour suprême a cassé un jugement rendu le 22 novembre 1895, par le tribunal civil de Rochechouart, qui avait mal interprété les articles 671 et 672 du Code civil, modifiés par la loi du 20 août 1881.

D'après l'arrêt de la Cour de cassation :

La loi du 20 août 1881, qui modifie les articles 671 et 672 du Code civil, n'a pas laissé subsister la distinction faite par lesdits articles entre les arbres à haute tige et les arbres à basse tige.

En conséquence, les arbres plantés à moins de deux mètres de distance de la propriété voisine peuvent être conservés par leur propriétaire, pourvu qu'ils soient recépés à deux mètres de hauteur, quelle que soit leur essence (*Gazette des tribunaux* du 30 déc. 1897).

Cette décision a une importance considérable, car beaucoup de personnes, ne se rendant pas bien compte de la modification apportée par la loi du 20 août 1881 à l'article 671 du Code civil, croient encore que la distance des plantations doit dépendre non de la hauteur des plantations mais de leur essence. (N. de l'Éditeur).

Verdun. — Dans ce canton, il est fait exception aux prescriptions du Code pour les arbres à haute tige, quand les plantations ont lieu entre jardins ; mais on fait remarquer que ces exceptions ont lieu plutôt à titre de tolérance, qu'elles ne constituent un usage.

Dans les cantons de Bar-le-Duc, Vavincourt, Verdun, Vaucouleurs et Souilly, il est d'usage que le propriétaire de l'héritage voisin récolte tous les fruits garnissant les branches qui s'étendent au-dessus de sa propriété, à titre d'indemnité d'ombrage. Cependant à Souilly et dans les communes de ce canton le propriétaire voisin ne peut poser l'échelle contre l'arbre pour cueillir les fruits, le propriétaire de cet arbre ne peut non plus s'introduire sur le fonds voisin ni y poser l'échelle pour cueillir ses fruits.

CHAPITRE V

Constructions et voisins.

(Article 674 du Code civil).

Des contre-murs sont établis dans les cantons : de Dun, à $0^m,50$ d'épaisseur, de Montmédy, à $0^m,35$ et à $0^m,50$ d'épaisseur.

Ancerville, $0^m,25$. — Commercy, sans épaisseur déterminée, mais de manière à ce que les voisins n'en souffrent pas.

Dans les cantons de Saint-Mihiel, Vigneulles, Void, Montfaucon, on s'en réfère au Code civil.

Dans ceux de Vavincourt, Triaucourt, Vaucouleurs, Spincourt, aucune distance n'est gardée ; mais on doit faire en sorte de ne pas nuire aux voisins. Il existe une exception à Vaucouleurs en ce qui concerne les dépôts de fumiers qui doivent être séparés des murs ou bâtiments par un contre-mur.

A Bar-le-Duc, et pour le canton, on exécute la coutume de Bar, notamment les articles 174 et 183 transcrits plus haut (commission du canton de Bar).

Indépendamment des articles coutumiers, on observe encore les usages suivants : Les jambages des cheminées sont toujours encastrés dans la moitié au moins de l'épaisseur des murs mitoyens.

Les cheneaux ou chanlattes des toitures sont ordinairement placés en saillie sur le mur mitoyen lorsque l'une des maisons est plus élevée que l'autre.

Les pièces de bois ou poutres des planchers, et les toitures reposent sur toute l'épaisseur des murs mitoyens.

Lorsque l'on rétablit une façade qui se trouve entre deux autres, on démolit ces dernières de manière à les liaisonner avec la nouvelle en réparant le tout convenablement.

Ligny. — Il n'existe aucun usage, si ce n'est l'article 183 de l'ancienne coutume du Barrois qui est encore observée.

Montiers-sur-Saulx. — Les constructions des cheminées, forges, fours et fourneaux, sont adossées au mur séparatif et quelquefois même prises dans une partie de l'épaisseur du mur. Quant aux constructions des étables on les fait à volonté, sauf celles des porcs qui sont rhabillées en bois et garnies d'un contre-mur afin d'empêcher les eaux.

Vaubecourt. — L'usage est de laisser $0^m,66$ de distance pour la construction d'un puits, d'une fosse d'aisance ou d'un four, quand il existe un mur séparatif, quelle que soit l'épaisseur de ce mur; mais s'il n'y en a point, la distance doit être un mètre.

GONDRECOURT. — Les cheminées sont adossées contre le mur séparatif mitoyen sans contre-mur. Il en est de même des fosses d'aisances et autres. Cependant cet usage est combattu par les voisins et, en cas de contestations, les tribunaux appliquent la loi.

PIERREFITTE. — Dans 22 communes, il n'existe aucun usage constant que jusqu'alors les habitants du canton aient invoqué les dispositions des anciennes coutumes sur ce point. Dans les communes de Kœur-la-Petite et de Nicey, il est d'usage d'établir un contre-mur de $0^m,50$ d'épaisseur. Dans celles de Sampigny et de Belrain, un contre-mur est également établi sans épaisseur déterminée.

Il est d'usage dans le canton de CLERMONT de faire un contre-mur jusqu'à la hauteur des râteliers pour les écuries et étables, dans lesquelles les bâts et râteliers sont appuyés contre une cloison mitoyenne en charpente, séparative d'un corps-de-logis. Pour les fours et cheminées adossés à une charpente, mitoyenne ou non, il est également d'usage d'établir un contre-mur.

CHARNY. — Dans quelques communes de ce canton, on laisse un intervalle de $0^m,17$, et lorsqu'il est construit un four, forge, fourneau ou fosse d'aisances, fosse de cuisine ou de puits; de plus, pour les fosses d'aisances, de cuisine ou puits, il doit être fait un contre-mur de chaux et sable de $0^m,33$ d'épaisseur. Dans les autres communes, il n'est pris aucune précaution.

ÉTAIN. — La commission, après avoir donné la copie des articles 8, 10, 11 et 12 de l'ancienne coutume de Lorraine, et les articles 3 et 5 de celle de Saint-Mihiel, qui sont probablement exécutées dans le canton, ajoute que la coutume de Verdun est absolument muette relativement aux distances et aux ouvrages intermédiaires.

VARENNES. — Pour la construction d'un four, on laisse $0^m,33$ de distance; on établit un contre-mur ou tous autres ouvrages nécessaires, afin de ne pas nuire aux voisins, quand il s'agit de la construction d'une forge, d'une étable, d'un magasin à sel, d'un puits, d'une fosse d'aisances ou de toutes autres matières corrosives.

VERDUN. — L'usage d'un intervalle n'existe que pour les fours, forges et fourneaux, conformément à l'article 212 de la coutume. Dans tous les cas, on établit un contre-mur de $0^m,32$ d'épaisseur, ou seulement une simple plaque en fonte pour une cheminée ou âtre.

SOUILLY. — Il est d'usage général de séparer toutes les constructions pouvant nuire aux voisins par un mur de $0^m,50$ d'épaisseur.

Celui qui veut établir le long d'un mur mitoyen des constructions du genre de celles spécifiées en l'article 674 du Code civil doit, d'après la coutume de Bar, en usage dans le canton, laisser intact le mur mitoyen et construire un contre-mur pour l'usage qu'il veut en faire. Toutefois, cette règle a souffert exception pour les écuries et étables, qu'elle adosse même directement au mur mitoyen.

L'usage était de n'établir les fosses d'aisances ou égouts qu'à 2 mètres de la propriété voisine; mais cet usage a faibli. On les construit maintenant contre le mur mitoyen, toutefois en édifiant un contre-mur.

Un simple dépôt de fumier sans fosse se fait ordinairement à un mètre du mur mitoyen ou non.

L'épaisseur des murs est de 0ᵐ,50.

Les marques de propriété exclusive d'un mur ou de sa mitoyenneté ont toujours été les mêmes que celles qui sont indiquées dans l'article 657 du Code civil.

Il est d'usage que celui qui, en construisant, laisse le tour de l'échelle ou échelage en dehors, sans faire constater par un procès-verbal contradictoire ou par tout autre titre que le terrain qu'il laisse a telle largeur et qu'il est en tel état, y supplée au moyen d'un avancement de mur sur cette largeur à l'une ou l'autre extrémité ou aux deux extrémités et tenant au mur principal ; il est même généralement reconnu qu'on peut y suppléer par l'emploi de pierres de saillies dans le mur et au moyen de l'égout de la toiture.

CHAPITRE VI
Des vices rédhibitoires.
(Article 1648 du Code civil).

Aucune des commissions ne s'est occupée de cette matière.

CHAPITRE VII
Baux.

Section première. — § 1ᵉʳ. — *Baux à loyers.*

Durée des baux. — Époque des congés. — Les baux à loyers sans écrit sont réputés faits pour une année, quand il s'agit de maison entière ou seulement de parties de maison non meublées, dans les cantons d'Ancerville, Bar-le-Duc, Verdun, Ligny, Montiers-sur-Saulx, Vaubecourt, Vavincourt, Commercy, Gondrecourt, Saint-Mihiel, Vigneulles, Dun, Stenay, Clermont, Charny, Varennes.

Cependant, à Dun, cette durée s'étend aux appartements meublés.

A Bar-le-Duc, Ligny, Commercy, Stenay, Verdun, les logements meublés sont loués au mois. Il en est de même à Bar pour les boutiques de tisserand.

Époques. — Les locations commencent le 23 avril de chaque année dans les cantons de Montiers-sur-Saulx, Saint-Mihiel, Vigneulles, Void, Dun, Étain, Varennes, Souilly.

A Bar-le-Duc, les entrées et sorties ont lieu les 24 juin et 25 décembre (Saint-Jean et Noël).

A Ligny, il n'existe pas d'époques fixes pour la location ; les baux se renouvellent, mais plus fréquemment dans les mois de juin et décembre.

Congés. — L'obligation de donner congé trois mois à l'avance a lieu pour les cantons de Triaucourt, Commercy, Saint-Mihiel, Vaucouleurs, Vigneulles, Void, Damvillers, Dun, Montfaucon, Spincourt, Stenay, Clermont, Charny, Étain, Fresnes, Varennes, Verdun, Souilly.

On excepte néanmoins les appartements meublés pour Commercy, Stenay, Verdun, dont les congés doivent être donnés quinze jours à l'avance.

Dans les cantons d'Ancerville, Montiers-sur-Saulx, Vaubecourt, Vavincourt, Gondrecourt, les congés sont donnés quarante jours à l'avance.

A Bar-le-Duc, les congés doivent être donnés six semaines à l'avance lorsque le loyer est au-dessous de 100 francs ; trois mois s'il est supérieur. Cependant, quand il s'agit des chambres meublées et des boutiques de tisserand, le congé a lieu quinze jours à l'avance, quel que soit le montant du loyer.

Les délais pour les congés ne sont pas calculés par jour, et le locataire est obligé d'attendre, pour sa sortie, les époques usitées comme termes de locations; le locataire n'a aucun jour de grâce pour déménager et faire les réparations locatives.

Dans le canton de Ligny, les congés sont donnés six semaines à l'avance pour les baux à l'année; un mois pour ceux au mois; un jour pour ceux au jour, sans aucune distinction des appartements meublés avec ceux non meublés. Le délai de six semaines est absolu, il se compte jour par jour, et aucun délai de grâce n'est accordé soit pour le déménagement, soit pour les réparations à la charge du locataire.

Dans le canton de Pierrefitte, 12 communes n'ont adopté aucun usage pour les congés; dans celles de Bannoncourt, Courouvre, Kœur-la-Petite, Lahaymeix, Neuville-en-Verdunois, Thillombois, Woimbey, Gimécourt et Pierrefitte, les congés sont signifiés trois mois à l'avance pour les baux de la durée d'une année; il n'y a pas d'usage pour ceux moindres d'un an. Dans les communes de Baudrémont et de Villotte-devant-Saint-Mihiel, les congés doivent être donnés trois mois à l'avance; dans celle de Lignières, six semaines; à Sampigny, trois mois pour les locations à l'année et quinze jours pour celles au mois.

Dans le canton de Montmédy, on donne congé trois mois à l'avance, à l'exception des communes de Verneuil-le-Grand et Vilosnes, pour lesquelles on ne rappelle aucun usage.

Paiements. — Les paiements des loyers ont lieu :

A Vavincourt, le 25 décembre;

A Saint-Mihiel, à la fin de l'année;

A Vigneulles, le 11 novembre;

A Étain, moitié le 11 novembre et l'autre moitié le 23 avril;

A Bar-le-Duc et Verdun, moitié le 24 juin, moitié le 25 décembre;

A Souilly, la moitié dans les six premiers mois et l'autre moitié au moment de la sortie.

Les commissions de la plupart des cantons sont muettes sur différentes matières de ce chapitre.

§ 2e. — *Tacite reconduction.*

Les commissions n'ont pas spécialement établi l'usage sur cette matière, mais il résulte de ce qui précède que la tacite reconduction a lieu pour la durée d'un bail non écrit lorsque les congés ne sont pas donnés dans les délais donnés au paragraphe premier.

§ 3e. — *Réparations locatives.*
(Article 1754 du Code civil).

Dans les cantons d'Ancerville, Vavincourt, Saint-Mihiel, Vaucouleurs, Void et Charny, on se conforme aux prescriptions de l'article 1754 du Code civil.

Pour Bar-le-Duc, la commission n'a rappelé aucun usage; elle a établi seulement que le locataire n'avait aucun jour de grâce pour faire ses réparations locatives.

Dans le canton de Ligny, outre les réparations locatives énumérées en l'article 1754, le locataire est tenu des suivantes :

Le blanchiment des murs et plafonds, le remplacement des tuiles nécessité par les gouttières, les réparations aux papiers de tapisserie, quand ceux-ci se trouvent déchirés, le ramonage des fours et cheminées, et en général les réparations qui n'ont pas pour cause la force majeure, l'usure et la vétusté; le locataire sortant doit en outre laver les planchers, épousseter les tentures et boiseries, afin de rendre les lieux qu'il occupait dans un bon état de propreté.

Dans celui de Revigny, indépendamment des réparations énumérées en l'article 1754, les locataires sont tenus de faire le remaniement en entier d'une toiture. Ce remaniement a lieu tous les trois ans; les tuiles sont fournies par le propriétaire.

Dans les cantons de Triaucourt et Spincourt, le propriétaire fournit les matériaux pour l'entretien des couvertures, et le locataire paie la main-d'œuvre.

A Vaubecourt, le locataire est obligé d'ajouter aux réparations prescrites par l'article 1754, celle de la toiture de la partie qu'il occupe lorsqu'il demeure plusieurs années dans la maison et qu'il y a nécessité de réparer; mais les matériaux sont fournis par le propriétaire, et le locataire supporte seulement la main-d'œuvre.

Dans le canton de Commercy, les logements doivent être laissés blanchis s'ils l'avaient été à l'entrée, et non blanchis dans le cas où ils ne l'auraient point été lors du commencement de la jouissance. Pour toutes les autres réparations, on se conforme à l'article 1754.

Dans le canton de Gondrecourt, les réparations locatives consistent dans le remplacement des vitres cassées, la réparation des gouttières sans fourniture de tuiles, cette charge restant au propriétaire, à moins de dégradations provenant de la négligence ou de l'imprudence du locataire. Ce dernier n'est astreint qu'aux réparations ci-dessus indiquées.

A Pierrefitte, dans 20 communes du canton, il n'existe aucun usage. Dans celles de Bannoncourt, Baudrémont, Courouvre, Villotte-devant-Saint-Mihiel, Gimécourt et Pierrefitte, il est d'usage de recrépir et de blanchir les murs, de réparer les gouttières et de remplacer les vitres cassées.

Dans le canton de Dun, l'article 1754 est exécuté en y ajoutant le blanchiment des murs et, pour quelques villages de ce canton, notamment Montigny et Doulcon, le remaniement de la toiture sans fournir les tuiles, qui restent à la charge du propriétaire.

Dans ceux de Clermont et Étain, on observe les prescriptions du Code en y ajoutant le blanchiment des murs et des plafonds lors de l'entrée en jouissance et la main-d'œuvre pour le remaniement des toitures tous les trois ans.

Dans le canton de Fresnes, on se conforme aussi à la loi, sauf la réparation des gouttières qui reste à la charge du locataire. Quant au remaniement des toitures, il reste à la charge du propriétaire. En cas de contestation sur l'époque du remaniement des toitures, un expert est nommé.

A Varennes et dans le canton, indépendamment des réparations édictées par l'article 1754, le locataire est encore tenu, à la fin de son bail, de faire blanchir les appartements, s'il les a reçus tels à son entrée en jouissance. Si le bail a duré trois années, le locataire est encore tenu de remanier les toitures, mais à la charge, par le propriétaire, de fournir les tuiles nécessaires pour cette opération.

Dans le canton de Verdun, l'article 1754 est observé, en y ajoutant les réparations nécessitées par les bris et dégradations accidentelles, le blanchiment des plafonds et de tous les murs non lambrissés ou tapissés, le balayage des cheminées et l'entretien des haies.

Dans celui de Souilly, les réparations locatives se composent du blanchiment annuel à la chaux des logements loués, du reliage des toitures tous les trois ans avec les matériaux fournis par le propriétaire, du curage des fossés dans le même délai;

de l'élagage annuel des haies, et de plus de toutes les réparations locatives indiquées par l'article 1754.

A Damvillers, il n'y a aucun usage.

Toutes les commissions des autres cantons sont muettes sur cette matière.

SECTION DEUXIÈME
Baux à ferme.

§ 1ᵉʳ. — *Durée des baux.* — *Entrée en jouissance.* — *Époque des congés.*

(Article 1774 du Code civil).

Durée. — La plupart des commissions ne s'occupent pas de la durée des baux à ferme; mais les autres établissent que ces baux sont toujours faits pour une durée triennale, sauf les parcelles de pré et les vignes non comprises dans un corps de ferme, dont le bail n'est fait que par an.

Entrée en jouissance. — L'entrée en jouissance a lieu le 23 avril dans les cantons de Bar-le-Duc, Montiers-sur-Saulx, Dun, Clermont, Étain, Varennes, Souilly, Vigneulles et Void.

Le 11 novembre dans celui de Gondrecourt.

Paiements. — Les époques de paiement sont fixées au 11 novembre pour les cantons de Bar-le-Duc, Vavincourt, Vigneulles et Verdun.

Les 11 novembre et 25 décembre pour celui de Souilly;

Le 23 avril pour celui d'Étain, à l'exception des fermages en grains qui sont livrés au 11 novembre.

Dans le canton de Varennes, quand le fermage est en argent, le paiement a lieu dans les premiers mois de l'année suivante; s'il est en nature, on le livre à la fin de l'année de l'entrée en jouissance.

Délais des congés (1). — Les congés à donner avant l'expiration des baux sans

---

(1) *Nota.* — C'est à tort que la commission chargée de recueillir les usages consacrés par la loi, a fixé les délais à observer pour donner congé dans les cas de baux à ferme, car l'article 1775 et l'article 1776 ne laissent sur ce point aucune autorité aux prétendus usages locaux.

« Art. 1775. — Le bail des héritages ruraux, quoique fait sans écrit, cesse de plein droit à l'expi-
« ration du temps pour lequel il est censé fait selon l'article 1774. »

« Art. 1776. — Si à l'expiration des baux ruraux écrits, le preneur reste et est laissé en possession,
« il s'opère un nouveau bail dont l'effet est réglé par l'article 1774. »

Tout le paragraphe relatif aux délais des congés, sous la réserve ci-après, doit être considéré comme non avenu.

Le paragraphe 2 de la tacite reconduction doit de même être rayé ou reconnu comme nul.

Il est dangereux de laisser se produire, sous l'autorité de la commission, des préjugés en contradiction manifeste avec la loi.

Le paragraphe intitulé « Délais des congés », pourrait être remplacé par la rédaction suivante ou autre analogue :

« Lorsqu'un bail écrit donne aux parties, ou à l'une d'elles, la faculté de continuer ce bail pendant
« plusieurs périodes, le délai pendant lequel on doit manifester la volonté de donner congé, est, à dé-
« faut de conventions expresses, de :

Six semaines dans les communes de.....
Trois mois dans les cantons de.....
Six mois dans les cantons de.....
Un an dans les cantons de.....

La jurisprudence a fixé le sens de l'article 1776, et les cas dans lesquels le preneur restant et étant laissé en sa possession, il s'opère un nouveau bail. Le paragraphe 2 est rédigé en opposition avec le texte et l'esprit de l'article 1776.

La commission du canton de Bar n'est pas tombée dans les erreurs signalées ci-contre.

Par jugement du tribunal civil de 1ʳᵉ instance de Bar-le-Duc, du 23 avril 1845, affaire Dubé contre écrit sont, de six semaines dans la commune de Lignières; trois mois dans les cantons de Montiers, Triaucourt, Vaubecourt, Vavincourt, Gondrecourt, Saint-Mihiel, Vaucouleurs, Dun, Damvillers, et dans les communes de Bannoncourt, Courouvre, Kœur-la-Petite, Lahaymeix, Neuville-en-Verdunois, Thillombois, Woimbey, Gimécourt et Pierrefitte, et encore dans le canton de Montmédy, à l'exception des communes de Verneuil-le-Grand et Vilosnes;

Six mois, dans les cantons de Clermont et Souilly, et dans les communes de Baudrémont, Villotte-devant-Saint-Mihiel, Verneuil-le-Grand et Vilosnes;

Un an, dans les cantons de Fresnes, Verdun et dans la commune de Sampigny. Dans le canton de Varennes on prévient trois ou six mois à l'avance, selon les localités.

Dans le canton d'Étain, les congés sont donnés un an d'avance pour les fermes avec maison.

Dans les cantons d'Ancerville, Spincourt, Charny, on distingue si les biens loués comprennent une maison de ferme ou non.

A Ancerville, on prévient six mois à l'avance si le fermier est logé, et trois mois s'il ne l'est pas; à Spincourt et à Charny, les congés sont donnés six mois à l'avance quand il ne se trouve pas de maison d'habitation et un an s'il y en a.

Dans le canton de Commercy, le bail cesse de plein droit au bout de l'année pour les prés et les vignes, et après la période triennale pour les terres, sans qu'il soit besoin de donner congé.

§ 2ᵉ. — *Tacite reconduction.*

On ne s'est occupé de cette matière que dans les cantons de Montiers, Dun, Clermont et Varennes, où les baux continuent par tacite reconduction, si les congés ne sont pas donnés à l'avance dans les délais ci-dessus rappelés.

§ 3ᵉ. — *Entretien.* — *Réparations.*

Les réparations des maisons sont les mêmes que celles rappelées précédemment pour les baux à loyer, sauf les cantons suivants où il est d'usage en outre par les fermiers :

A Étain : de faire gratuitement les charrois des matériaux nécessaires pour l'entretien des toitures, de curer les fossés, de tondre les haies et d'abattre les taupinières dans les prés. Le fermier doit encore fumer entièrement les terres arables tous les six ans, en employant douze voitures de fumier à quatre roues et à quatre chevaux par hectare.

A Souilly : de curer les fossés, d'élaguer annuellement les haies. De plus, les locataires de prés, dans les contrées riveraines de la Meuse, ont adopté pour usage de clore, à leurs frais, pour la saison des regains, les propriétés qui leur sont louées.

Blaise, le tribunal a jugé que, d'après l'usage des lieux, les locations dont le prix est supérieur à cent francs, sont censées faites à l'année, et ne cessent qu'après congé donné trois mois à l'avance.

Il est à remarquer que le demandeur demandait l'expulsion pour le 25 décembre 1844, le bail ayant commencé au 25 décembre 1843. Que le défendeur consentant à sortir le 25 juin 1845 et, en demandant acte, le tribunal donne acte de ce consentement et ordonne, au mérite de cette déclaration qu'il videra pour le 25 juin 1845 la maison tenue à bail. Le motif est ainsi conçu :

Attendu que Dubé ne pouvant même demander au preneur ce que celui-ci consent à accorder, c'est à tort qu'il a fait des frais.

Donne acte, etc.

« Ordonne qu'au mérite de cette déclaration, il videra au 25 juin 1845, la maison tenue à bail de « Dubé. »

A Clermont : de fumer, dans la proportion du sixième, les terres argileuses, et de un neuvième pour les terrains calcaires.

§ 4e. — *Obligations des fermiers entrants et sortants.*
(Article 1777).

Dans le canton de Montiers-sur-Saulx, le fermier doit laisser, à sa sortie, tous les foins, pailles et fumiers.

Dans le canton de Gondrecourt, à la cessation du bail, c'est-à-dire au 11 novembre, le fermier quitte la ferme après avoir payé son dernier canon ; il laisse au nouveau fermier la récolte des blés, en remplacement de celle qu'il a trouvée en entrant en jouissance. De plus, comme il a fumé les terres en blé avec les fumiers qu'il a faits depuis le mois de mai précédent, époque de la terminaison des semailles d'orge et d'avoine, le fermier dispose des pailles et fumiers qui lui restent. A cet égard, il contrevient presque toujours aux clauses de son bail qui exigent que les pailles et fumiers soient employés en totalité à l'engrais de la ferme. Le nouveau fermier entre dans la ferme qui est laissée entièrement vide par le sortant ; mais le plus souvent il intervient entre les deux fermiers un marché par lequel le fermier sortant laisse à son successeur tout ou partie de ses provisions.

Dans les cantons de Vaucouleurs et Vigneulles, le fermier entrant récolte les prés, cultive et ensemence les jachères en navettes d'été, pommes de terre et autres légumes sans payer de location la première année. Le fermier sortant récolte les blés, orges et avoines. Il paie la dernière location. Il laisse les pailles et engrais.

Dans celui de Stenay, le fermier sortant conserve la moitié des bâtiments et fait consommer les pailles ; mais pour obvier aux inconvénients résultant de cet usage, il existe un autre usage par lequel le fermier sortant enlève le tiers des pailles pour lui tenir lieu de la consommation totale ; les deux autres tiers sont laissés au fermier entrant.

Dans le canton de Clermont, les bâtiments sont partagés entre le fermier sortant et son successeur. — Quand le fermier sortant ne cultive pas d'autres terres que celles de la ferme et qu'il a reçu en entrant des fumiers, pailles, etc., il laisse en sortant tout ce qui existe dans la ferme ; s'il cultive d'autres biens, il ne laisse que la quantité qu'il a reçue en entrant.

Dans le canton d'Étain, le fermier sortant conserve la grange en totalité pour la rentrée et le battage de ses denrées, et abandonne à son successeur la meilleure part dans les logements et les écuries. — Autrefois, le fermier sortant enlevait ses pailles ; mais aujourd'hui cet usage est généralement modifié ; les pailles restent au fermier entrant.

Dans celui de Varennes, indépendamment des obligations imposées par l'article 1777 du Code civil, il est d'usage de donner au fermier, dont le bail expire au 23 avril, jusqu'au 1er mars suivant, pour la consommation dans la ferme, des pailles et autres fourrages ; mais, à cette dernière époque, le fermier sortant doit vider entièrement les lieux en laissant toutefois au nouveau fermier les fourrages qu'il n'aurait point encore fait consommer.

A Verdun. — La fourniture réciproque des logements et autres facilités se règle généralement à l'amiable ; un seul point paraît constant, c'est que le battage des grains et la consommation des fourrages doivent se faire dans le cours de l'hiver et être terminés pour l'époque des semailles de mars.

Dans le canton de Souilly, le fermier sortant peut faire consommer toutes les pailles et laisser à cet effet tous ses bestiaux dans les bâtiments de la ferme jusqu'après l'hiver qui suit sa sortie. Le fermier entrant ne peut s'y opposer et c'est lui qui doit conduire les fumiers aux champs. Cependant l'usage de laisser les pailles au fermier entrant commence à être adopté. La faculté de dessoler les terres est aussi très souvent accordée, et même de mettre une partie des prés en culture, à la condition de les remettre en leur état primitif à la fin du bail.

Dans les cantons de Vaubecourt, Vavincourt, Spincourt, Dun, Charny, on se conforme aux prescriptions de l'article 1777 du Code civil.

SECTION TROISIÈME. — *Locations d'usines.*

Les commissions ne se sont pas occupées de cette matière.

SECTION QUATRIÈME. — *Baux d'ouvrage et d'industrie.*
(Articles 1779-1780, Code civil.)

Les domestiques attachés à la personne sont loués à l'année dans tout le département, sauf quelques exceptions.

A Bar-le-Duc, les domestiques doivent être avertis, ou doivent avertir huit jours avant leur sortie. Le maître qui n'accorde pas ces huit jours est tenu, outre le gage pendant ce temps, de payer une indemnité de nourriture et de logement; le serviteur qui ne reste pas pendant cette période doit tenir compte du salaire d'un homme ou d'une femme de journée selon son sexe et son emploi. En cas de méfait le domestique est mis immédiatement dehors sans indemnité.

Les vignerons à façon doivent terminer ce qu'ils ont commencé; leurs travaux commencent par le défrichage aussitôt la vendange et comprennent tout ce que la culture de la vigne nécessite, à la seule exception de la vendange. Le vigneron qui entreprend la façon d'une vigne, sans réserve de provignage à part, doit faire de 1.000 à 1.200 fosses par 34 ares 67. Ils sont payés en deux fois, moitié dans le mois de mai et l'autre moitié en septembre ou aussitôt après la vendange.

A Montiers-sur-Saulx, outre une somme d'argent, il est d'usage dans quelques localités de donner aux domestiques divers vêtements d'été et d'hiver.

A Vaubecourt, l'année commence ordinairement au 25 décembre; en cas d'inexécution de l'engagement soit par le maître soit par le domestique, on fixe l'indemnité à 15 journées de gages. — Les ouvriers sont employés soit à la tâche, soit à la journée.

A Montmédy, les domestiques de cultivateurs ne peuvent quitter leur maître avant l'expiration de l'année commençant le 25 décembre, et réciproquement les maîtres ne peuvent les renvoyer, à moins de dommages-intérêts fixés à la perte de l'année entière des gages par le domestique et au paiement aussi de l'année entière des gages de la part du maître.

Quant aux domestiques non attachés à la culture, ils ne se louent ordinairement qu'au mois, et les maîtres, comme les domestiques, doivent se prévenir quinze jours avant l'époque de sortie.

A Clermont, outre les domestiques loués à l'année, les cultivateurs ont l'habitude de louer de petits domestiques, depuis le 1er mars jusqu'au 1er novembre.

Étain. — Le délai pour donner congé aux domestiques et le recevoir de ceux-ci est de six semaines.

SECTION CINQUIÈME. — *Baux à cheptel.*

Deux commissions seulement se sont occupées du cheptel.

A Montiers-sur-Saulx, les baux à cheptel n'ont lieu que pour les moutons : leur durée ne peut être moindre de trois ans. Pendant ce temps la laine est partagée par moitié chaque année entre le propriétaire et le preneur, à l'exception de la laine de la première année des agneaux qui appartient exclusivement au preneur. A l'expiration des trois ans le troupeau entier est partagé par moitié.

A Stenay, les baux à cheptel sont également faits pour trois ans : les produits se partagent par moitié.

SECTION SIXIÈME. — *Sous-locations.*

Toutes les sous-locations ont lieu aux mêmes conditions que le bail principal. Les paiements sont rarement anticipés. Le premier preneur est toujours tenu envers le propriétaire.

CHAPITRE VIII
Parcours et vaine pâture (1).

(Décret du 28 septembre-6 octobre 1791. — Titre Ier, section 4, articles 2, 3 et suivants).

SECTION PREMIÈRE. — *Du parcours.*

Le droit de parcours réciproque de commune à commune n'existe pas en général dans le département de la Meuse, si ce n'est dans les communes de Kœur-la-Grande et Kœur-la-Petite, sur leurs prairies seulement.

La plupart des commissions semblent avoir confondu le parcours avec la vaine pâture; mais on peut reconnaître facilement que celles qui ont employé le mot parcours entendaient parler de la vaine pâture seulement.

SECTION DEUXIÈME. — *De la vaine pâture.*

L'usage de la vaine pâture a lieu dans presque tout le département de la Meuse, suivant les modes qui vont être rappelés.

Dans les cantons de Saint-Mihiel, Dun, la vaine pâture s'exerce sur les terres non emblavées et sur les prés après la première récolte. Cependant dans le canton de Saint-Mihiel on ne l'exerce que lorsqu'il n'y a pas d'arrêté pris par le maire.

Dans ceux de Triaucourt, Pierrefitte, l'usage de la vaine pâture a lieu tant sur les terres non emblavées que sur les prés, seulement elle ne s'exerce sur les prés qu'après l'enlèvement de la première récolte, si on ne fait pas de regains, et après la seconde, s'il en est fait.

Dans les cantons de Vavincourt et Gondrecourt, la vaine pâture ne s'exerce dans les prés qu'après la deuxième coupe : à Gondrecourt, elle cesse quand l'autorité le prescrit. Les propriétaires qui veulent s'en affranchir sur leurs terres manifestent leur

---

(1) Bien que la réglementation de ce chapitre ait été abrogée par les lois des 9 juillet 1889 et 22 juin 1890 sur le Code rural, nous avons tenu à la reproduire ici afin de publier *in extenso* le travail de la Commission spéciale, tel qu'il a été dressé par elle en 1855; mais à côté de cela, nous avons voulu également indiquer aux personnes, intéressées par cette question, les conditions dans lesquelles peut s'exercer désormais le droit de vaine pâture sur les prairies naturelles. A cet effet, nous donnons comme *Annexes* au présent recueil le texte des lois nouvelles qui déterminent : — 1° les propriétés pouvant être soumises à la vaine pâture ; — 2° son mode d'exercice ; — 3° les personnes auxquelles elle profite, et enfin — 4° le droit de réglementation accordé dans chaque commune à l'autorité municipale.

De plus, comme le maintien de la vaine pâture sur les prairies naturelles a été demandé par la généralité des communes de la Meuse nous publions, à la suite, la liste des localités où cette servitude N'EST PAS EXERCÉE OU A ÉTÉ ABOLIE. (N. de l'Éditeur.)

volonté en plantant un pieu garni de paille sur la propriété qu'ils veulent faire respecter

Dans ceux de Commercy, Montfaucon, Fresnes, Void, Verdun, la vaine pâture s'exerce également sur les terres lorsqu'il n'y a pas de récoltes ni de fruits et sur les prés après la première récolte; toutefois, lorsque l'autorité détermine une certaine contrée comme réserve pour des regains sur les prés, le pâturage n'a lieu qu'après la seconde récolte.

Pour Verdun, les porcs et les moutons sont exclus des prairies.

Dans les cantons de Revigny, Vigneulles et Varennes, les terres non emblavées sont livrées à la vaine pâture ainsi que les prés après la première récolte, sauf dans quelques localités où il est d'usage de mettre en réserve une certaine quantité de prairies pour profiter du regain, la vaine pâture ne s'exerce sur cette réserve qu'après l'enlèvement de la seconde récolte. Pour le canton de Varennes, le pâturage n'a lieu que deux jours après que la récolte est enlevée.

Dans le canton de Vaucouleurs, la vaine pâture a lieu sur les terres non emblavées par un troupeau commun. Quant aux prés, ils sont généralement laissés aux propriétaires qui font des regains et mènent pâturer séparément leurs bestiaux. Cependant, dans quelques communes, le troupeau commun est conduit sur les prés, mais seulement dans un canton réservé à cet effet et qui est changé annuellement. On fait des regains dans le reste de la prairie.

Dans le canton de Void, la vaine pâture est exercée sur les prés après l'enlèvement des premières et secondes herbes, sauf dans quelques communes où il existe de vastes prairies; la vaine pâture a lieu après la première récolte, le tout seulement pour les races chevaline et bovine. Quant aux moutons, on ne les fait pâturer que sur les friches, jachères et sur les autres terres après la récolte.

Montfaucon. — Il est d'usage dans la plupart des communes de ce canton de réserver, pour une deuxième récolte, moitié dans quelques communes, les deux tiers dans d'autres, des prairies naturelles et la totalité des prairies artificielles; le reste seulement est livré à la vaine pâture.

Montmédy. — La vaine pâture se pratique dans le canton : — 1° sur les terres, aussitôt l'enlèvement des récoltes, pour toute espèce de bétail; — 2° sur les trèfles et minettes de la première année, aussi pour tous les bestiaux, à l'exception des moutons, des chèvres et des porcs; — 3° sur les prairies naturelles, après la coupe de la première herbe pour toute espèce de bétail, à l'exception des moutons et des porcs. Cependant la vaine pâture n'a lieu qu'après l'enlèvement de la seconde herbe sur les cantons que l'autorité met en réserve pour les regains. Une seule commune du canton, celle de Vigneul-sous-Montmédy, possède un règlement pour la quantité proportionnelle de bétail à conduire à la vaine pâture; partout ailleurs les propriétaires y envoient tous leurs bestiaux.

Spincourt. — Dans ce canton, la vaine pâture a lieu après l'enlèvement de la récolte; de plus, certains propriétaires sont dans l'usage de faire pâturer leurs prairies naturelles ou artificielles personnelles sans en enlever la récolte; mais alors ils sont tenus d'en faire la déclaration à la mairie et de répondre des dommages qui seraient causés aux propriétés contiguës aux leurs.

Stenay. — Dans quelques communes de ce canton, il est d'usage de livrer à la vaine pâture, pour le moment des semailles, une partie des prairies avant l'enlèvement de la seconde herbe. Dans d'autres communes, la vaine pâture est exercée sur les prairies après la première récolte, à l'exception d'un tiers, dont il est fait réserve pour des regains. La vaine pâture n'a pas lieu dans les jeunes trèfles et minettes, et ce n'est que par tolérance que les moutons passent sur les prés.

CLERMONT. — La vaine pâture s'exerce dans ce canton depuis longtemps : — 1° sur les terres, depuis la récolte jusqu'à la première culture ; — 2° sur les prés, depuis la dernière récolte jusqu'à la fin de mars suivant. A défaut de règlement, chaque habitant fait pâturer tous ses bestiaux. Les communes qui possèdent des pâquis, les font pâturer toute l'année.

Dans le canton de Charny, la vaine pâture a lieu sur les prairies et sur les terres labourables, savoir : — 1° en ce qui concerne les prés, pour une partie après la première récolte, et pour l'autre partie, qui est mise en réserve pour des regains, après la deuxième récolte. Toutefois, il est d'usage de conserver une partie de la réserve au pâturage des bestiaux pendant les semailles d'automne ; — 2° à l'égard des terres, elles sont livrées à la vaine pâture après l'enlèvement de la récolte. Une seule commune du canton, celle de Charny, possède un règlement déterminant le nombre de têtes de bétail que chaque propriétaire peut envoyer paître, proportionnellement à l'étendue du terrain qu'il exploite.

ÉTAIN. — La vaine pâture est exercée dans ce canton, mais n'est régie par aucun usage, si ce n'est celui d'en fixer généralement l'ouverture au 15 octobre. Les fermes champêtres conservent néanmoins le droit exclusif de la vaine pâture sur leurs propriétés.

SOUILLY. — La vaine pâture n'a lieu dans ce canton qu'après la deuxième herbe, à l'exception des contrées riveraines de la Meuse sur lesquelles elle est exercée après la première récolte, lorsque les propriétés ne sont pas closes.

CHAPITRE IX
Bans de vendanges (1).
(Décret des 28 septembre-6 octobre 1791. — Titre 1er, section 5, article 2. Article 475, Code civil).

Il se publie des bans de vendanges dans les cantons d'Ancerville, Bar-le-Duc, Gondrecourt, Vigneulles, Clermont et Charny, et dans quelques communes des cantons de Ligny, Montiers-sur-Saulx, Vaubecourt, Vavincourt, Commercy.

Les commissions des autres cantons sont muettes sur ce point.

Fenaison. — L'ouverture de la fenaison est déterminée dans le canton de Vaubecourt et dans quelques communes non indiquées des cantons de Gondrecourt et Montfaucon.

Moissons. — Celle des moissons est également déterminée dans le canton de Bar-le-Duc et dans quelques communes non indiquées du canton de Commercy.

CHAPITRE X
Glanage. — Râtelage. — Grappillage.
(Décret des 28 septembre. — 6 octobre 1791. — Titre II de la police rurale, art. 21).

§ 1er. — *Glanage.*

Le glanage est permis dans les cantons suivants :

Ancerville, Gondrecourt, Saint-Mihiel, Vaucouleurs, Dun, Fresnes, Charny, aussitôt après l'enlèvement de la récolte ;

---

(1) La loi du 9 juillet 1889 portant promulgation des titres 2 et 3 du Code rural, a également abrogé par son article 13, les dispositions du présent chapitre relatives au ban de vendanges.
Nous publions aux *Annexes*, page 31, la liste, par arrondissement, des communes ayant demandé l'établissement ou le maintien du ban de vendanges, et dont les délibérations ont été approuvées par le Conseil général. (N. de l'Éditeur).

Montiers-sur-Saulx, Stenay, deux jours après l'enlèvement de la récolte, et encore pour Montiers-sur-Saulx seulement pendant le lever du soleil ;

Triaucourt, Clermont, aussi après l'enlèvement des récoltes, depuis le lever jusqu'au coucher du soleil ;

Ligny, Vaubecourt, Vavincourt, Verdun, en observant les articles 21 et 22 de la loi des 28 septembre-6 octobre 1791 ;

Commercy, Void, Pierrefitte, aussitôt après l'enlèvement des récoltes, à l'exception de la commune de Lavallée, où il est nécessaire que toutes les récoltes de la contrée soient enlevées ;

Varennes, même avant l'entier enlèvement des récoltes, c'est-à-dire lorsque les céréales sont mises en gerbes ;

Souilly, aux époques déterminées par la police municipale, mais en général lorsque toute la contrée est vidée.

§ 2°. — *Râtelage.*

Les commissions des cantons de Pierrefitte, Charny, Varennes, Verdun et Commercy seulement ont parlé du râtelage. Elles l'ont rangé dans la même catégorie que le glanage et sous les mêmes conditions, à l'exception de Commercy, où il est dit qu'il n'existe aucun usage.

§ 3°. — *Grappillage.*

Le grappillage est en usage dans les cantons ci-après, aux mêmes conditions que celles rappelées pour le glanage : Ancerville, Ligny, Commercy, Void, Charny. Cependant, dans quelques communes de ce dernier canton, l'usage de grappiller est supprimé.

Le grappillage est interdit dans les cantons de Bar-le-Duc et Pierrefitte.

CHAPITRE XI
Usages divers.

§ 1er. — *Vente au poids et à la mesure.*

Dans le canton de Bar-le-Duc, il est d'usage de vendre les porcs corps vide et les pattes en bas, c'est-à-dire sans peser les pattes ni l'intérieur.

Dans celui de Montiers-sur-Saulx, les foins, pailles et autres denrées susceptibles d'être vendues au poids, le sont au poids net. Il en est de même des bestiaux pour la boucherie et la charcuterie.

Dans celui de Vavincourt, la plupart des légumes se vendent au poids de 100 kilogrammes.

VAUCOULEURS. — Dans ce canton, la vente des denrées a généralement lieu au double-décalitre ; mais les commerçants vendent et achètent au poids.

Les commissions des autres cantons sont muettes sur cette matière.

§ 2°. — *Affouages* (1).

Dans le canton de Bar-le-Duc, les communes ayant droit à des portions des bois comme affouages, la répartition a lieu par feu et par portions égales. Pour la délivrance de ces affouages on se conforme aux dispositions de l'avis du conseil d'Etat du 26 avril 1808.

Dans celui de Gondrecourt, les communes propriétaires de bois, à l'exception de celle de Bertheléville, accordent des affouages aux habitants qui ont pot et feu sé-

---

(1) Une loi du 23 novembre 1883 a modifié l'ancienne réglementation relative au partage des bois d'affouages, lorsqu'il n'y a titre contraire. — Nous la reproduisons plus loin, page 32.

parés et sont domiciliés dans la commune au moment de la formation des listes : cependant, dans quelques communes il est d'usage d'accorder des affouages à ceux qui se marient dans l'année.

Pour Bertheléville, les affouages ne sont distribués qu'aux propriétaires de maisons habitant la localité.

PIERREFITTE. — Dans toutes les communes de ce canton, à l'exception de Sampigny, il est d'usage que le partage des affouages ait lieu par ménage, c'est-à-dire aux chefs de famille faisant pot et feu particuliers. La commune de Sampigny donne des affouages à tout habitant majeur sans distinction.

SOUILLY. — Dans la généralité des communes de ce canton, la prohibition portée par l'article 83 du Code forestier ne reçoit aucune application ; l'usage étant reconnu d'une manière permanente pour chaque personne, sans distinction, de vendre ou céder sa portion affouagère. Une sorte de nécessité invoquée par l'administration communale a fait adopter cette tolérance en vue de l'intérêt général des affouagistes.

§ 3°. — *Carrières et minières.*

La commission du canton d'Ancerville seulement s'est occupée de cette matière. Elle établit ce qui suit :

L'exploitation des carrières et minières a lieu, à peu d'exceptions près, à ciel ouvert à pic et à l'extrémité de la propriété voisine même en état de culture, en sorte que cette propriété se trouve quelquefois entre deux précipices de 15 mètres de profondeur : l'usage a consacré ce mode sans aucune contestation, malgré la perte évidente que subit le terrain en culture.

Le transport des produits a lieu sur des terrains choisis par l'exploitant sans avoir égard à l'article 682 du Code civil qui autorise le passage par l'endroit le plus rapproché de la voie publique.

Un premier chemin établi profite à tous les exploitants qui surviennent sans que les propriétaires des terrains qui contribuent à sa fourniture puissent le refuser, même quand leur carrière serait épuisée et qu'ils voudraient la remettre en culture.

Tous ceux qui participent à la fourniture du chemin reçoivent une indemnité en nature proportionnelle aux produits des carrières ; cependant les communes de Brillon, Lisle-en-Rigault et Ville-sur-Saulx règlent l'indemnité en argent.

Les mêmes usages sont établis pour les minières.

§ 4°. — *Tournières.*

Dans tout le canton de Bar, il est d'usage que toutes les terres servant de tournières, c'est-à-dire celles sur lesquelles aboutissent plusieurs parcelles, aient une contenance supérieure à celle que les titres leur assignent, à titre d'indemnité de la surmarche que ces tournières sont obligées de supporter, pour faire tourner les chevaux et les charrues des propriétés aboutissantes ; mais rien n'est précis sur l'étendue de cette tolérance.

Dans le canton de Ligny, les propriétaires des champs aboutissants ont également le droit de tourner sur les tournières avec leurs chevaux et charrues.

Dans quelques communes, ce droit n'oblige à aucune indemnité ; dans d'autres, le propriétaire de la tournière prend la récolte sur un mètre de terrain des aboutissants.

Commercy. — Dans ce canton, on a l'habitude de n'ensemencer les tournières qu'après les autres terres pour n'éprouver aucun dommage, et il est encore d'usage de ne pas clore les tournières, afin de ne pas gêner le tournant de la charrue.

Vigneulles. — Le droit de contour pour les aboutissants sur un champ faisant tournière est adopté dans quelques communes et contesté dans d'autres. Il est d'usage, dans les premières, de laisser aux tournières une certaine largeur en sus de leurs contenances d'après les titres, pour les indemniser de cette servitude; cependant, dans quelques communes, on ne réclame aucune indemnité, et dans les autres, quoique la tournière soit trop large, les propriétaires ne veulent pas souffrir la servitude. Lors des abornements, il est accordé deux mètres de largeur aux tournières, en sus de leurs contenances, avec obligation de laisser tourner les aboutissants, pourvu toutefois que ceux-ci observent le même ordre d'assolement. Si le propriétaire de la tournière veut s'affranchir de cette servitude, il doit abandonner aux aboutissants le terrain qui lui est cédé en sus.

Montmédy. — Dans ce canton, les propriétaires de tournières supportent le tour des chevaux et charrues lorsque les champs aboutissants ont le même assolement. Dans le cas contraire, le propriétaire du champ à cultiver doit faire tourner sa charrue sur son propre terrain.

Stenay. — Le propriétaire du champ aboutissant doit répondre de la semence du champ sur lequel il retourne.

Dans celui de Clermont, le droit de tournière existe; mais cette charge accorde au propriétaire du champ assujetti à la tournière la tolérance de réunir de petit à petit à sa propriété, aux dépens de celles qui y aboutissent, une certaine quantité de terrain plus ou moins forte en sus de celle qu'il doit posséder d'après son titre. Pour s'affranchir de cette servitude, le propriétaire de la tournière doit limiter sa propriété par une clôture quelconque ou par un fossé; mais alors il restitue aux aboutissants le surplus de sa contenance légale.

Étain. — Dans ce canton les aboutissants abandonnent un mètre de terrain à la tournière pour l'indemniser du dommage qu'ils lui causent en cultivant.

Varennes. — Comme indemnité, le propriétaire de la tournière dans ce canton a droit à la récolte sur deux ou trois mètres de terrain des aboutissants.

§ 5°. — *Droits de passage.*

Dans les cantons de Bar-le-Duc et Commercy, pour l'exploitation des propriétés rurales, il est d'usage de livrer passage sans indemnité, aux propriétés enclavées. Les clôtures, s'il en existe, sont ouvertes pour le passage.

Dans celui de Ligny, les terres arables sont divisées en saisons régulières; mais on reconnaît à chacun le droit de s'y soustraire, à la condition que le propriétaire du champ dessaisonné souffre la servitude de passage établie par l'article 682 du Code civil, sans indemnité. Si le champ dessaisonné était lui-même enclavé, il ne pourrait réclamer le droit de passage sur les autres propriétés qu'après l'enlèvement de toutes les récoltes.

ANNEXES

aux chapitres VIII, IX et XI du Recueil des usages locaux.

Code rural, titres 2 et 3. — Parcours, Vaine pâture, bans de vendanges.

LOI DES 9 JUILLET 1899 ET 22 JUIN 1890

Article premier. — Le droit de parcours est aboli. La suppression de ce droit ne donne lieu à indemnité que s'il a été acquis à titre onéreux. Le montant de l'indemnité est réglé par le conseil de préfecture, sauf renvoi aux tribunaux ordinaires en cas de contestation sur le titre.

Art. 2 (**Ainsi remplacé** [*loi du 22 juin 1890*].)

« Le droit de vaine pâture, appartenant à la généralité des habitants et s'appliquant en même temps à la généralité du territoire d'une commune ou d'une section de commune, cessera de plein droit un an après la promulgation de la présente loi.

« Toutefois, dans l'année de cette promulgation, le maintien du droit de vaine pâture, fondé sur une ancienne loi ou coutume, sur un usage immémorial ou sur un titre, pourra être réclamé au profit d'une commune ou d'une section de commune, soit par délibération du conseil municipal, soit par requête d'un ou plusieurs ayants droit, adressée au préfet.

« En cas de réclamation particulière, le conseil municipal sera mis en demeure de donner son avis dans les six mois, à défaut de quoi il sera passé outre.

« Si la réclamation, de quelque façon qu'elle se soit produite, n'a pas été, dans l'année de la promulgation, l'objet d'une décision, conformément aux dispositions du paragraphe premier de l'article 3 de la loi du 9 juillet 1889, la vaine pâture continuera à être exercée jusqu'à ce que cette décision soit intervenue.

Art. 3. — La demande de maintien, qu'elle émane d'un conseil municipal ou qu'elle émane d'un ou plusieurs ayants droit, sera soumise au conseil général, dont la délibération sera définitive si elle est conforme à la délibération du conseil municipal. S'il y a divergence, la question sera tranchée par décret rendu en Conseil d'État.

Si le droit de vaine pâture a été maintenu, le conseil municipal pourra seul ultérieurement, après enquête *de commodo et incommodo*, en proposer la suppression, sur laquelle il sera statué dans les formes ci-dessus indiquées.

Art. 4. — La vaine pâture s'exercera soit par troupeau séparé, soit au moyen du troupeau en commun, conformément aux usages locaux, sans qu'il puisse être dérogé aux dispositions des articles 647 et 648 du Code civil et aux règles expressément établies par la présente loi.

Art. 5 (**Ainsi remplacé** [*loi du 22 juin 1890*].)

« Dans aucun cas et dans aucun temps, la vaine pâture ne peut s'exercer sur les prairies artificielles.

« Le rétablissement de la vaine pâture sur les prairies naturelles, supprimé de plein droit par la loi du 9 juillet 1889, pourra être éclamé dans les conditions où elle s'exerçait antérieurement à cette loi, et en se conformant aux dispositions édictées par les articles précédents.

« Elle ne peut avoir lieu sur aucune terre ensemencée ou couverte d'une production quelconque faisant l'objet d'une récolte, tant que la récolte n'est pas enlevée.

Art. 6. — Le droit de vaine pâture, établi comme il est dit en l'article 2, ne fait jamais obstacle à la faculté que conserve tout propriétaire, soit d'user d'un nouveau mode d'assolement ou de culture, soit de se clore. Tout terrain clos est affranchi de la vaine pâture.

Est réputé clos tout terrain entouré soit par une haie vive, soit par un mur, une palissade, un treillage, une haie sèche d'une hauteur d'un mètre au moins, soit par un fossé d'un mètre vingt centimètres à l'ouverture et de cinquante centimètres de profondeur, soit par des traverses en bois ou des fils métalliques distants entre eux de trente-trois centimètres au plus et s'élevant à un mètre de hauteur, soit par toute autre clôture continue et équivalente faisant obstacle à l'introduction des animaux.

Art. 7. — L'usage du troupeau en commun n'est pas obligatoire.

Tout ayant droit peut renoncer à cette communauté et faire garder par troupeau séparé le nombre de têtes de bétail qui lui est attribué par la répartition générale.

Art. 8. — La quantité de bétail proportionnée à l'étendue du terrain de chacun est fixée dans chaque commune ou section de commune entre tous les propriétaires ou fermiers exploitants, domiciliés ou non domiciliés, à tant de têtes par hectare, d'après les règlements et usages locaux. En cas de difficulté, il y est pouvu par délibération du conseil municipal soumise à l'approbation du préfet.

Art. 9. — Tout chef de famille domicilié dans la commune, alors même qu'il n'est ni propriétaire ni fermier d'une parcelle quelconque des terrains soumis à la vaine pâture, peut mettre sur lesdits terrains, soit par troupeau séparé, soit dans le troupeau commun, six bêtes à laine et une vache avec son veau, sans préjudice des droits plus étendus qui lui seraient accordés par l'usage local ou le titre.

Art. 10. — Le droit de vaine pâture doit être exercé directement par les ayants droit et ne peut être cédé à personne.

Art. 11. — Les conseils municipaux peuvent toujours, conformément aux articles 68 et 69 de la loi du 5 avril 1884, prendre des arrêtés pour réglementer le droit de vaine pâture, notamment pour en suspendre l'exercice en cas d'épizootie, de dégel ou de pluies torrentielles, pour cantonner les troupeaux de différents propriétaires ou les animaux d'espèces différentes pour interdire la présence d'animaux dangereux ou malades dans les troupeaux.

« Art. 12 (**Ainsi remplacé** [*loi du 22 juin 1890*].)

Néanmoins, la vaine pâture fondée sur un titre et établie sur un héritage déterminé, soit au profit d'un ou de plusieurs particuliers, soit au profit de la généralité des habitants d'une commune, est maintenue et continuera à s'exercer conformément aux droits acquis. Mais le propriétaire de l'héritage grevé pourra toujours s'affranchir, soit moyennant une indemnité fixée à dire d'experts, soit par voie de cantonnement ».

Art. 13. — Le ban des vendanges ne pourra être établi ou même maintenu que dans les communes où le conseil municipal l'aura ainsi décidé par délibération soumise au conseil général et approuvée par lui.

S'il est établi ou maintenu, il est réglé chaque année par arrêté du maire.

Les prescriptions de cet arrêté ne sont pas applicables aux vignobles clos de la manière indiquée par l'article 6.

Art. 14. — La loi du 6 messidor an III, relative à la vente des blés en vert, est abrogée.

Art. 15. — La durée du louage des domestiques et des ouvriers ruraux est, sauf preuve d'une convention contraire, réglée suivant l'usage des lieux.

DÉPARTEMENT DE LA MEUSE.
VAINE PÂTURE SUR LES PRAIRIES NATURELLES

Communes où la vaine pâture sur les prairies naturelles n'est pas exercée.

Arrondissement de Bar-le-Duc.

Aulnois-en-Perthois.
Auzécourt.
Bar-le-Duc.
Baudonvilliers.
Bazincourt.
Beaulieu.
Behonne.
Beurey.
Bouchon (le).
Brillon.
Bussy-la-Côte.
Combles.
Contrisson.
Couvonges.
Dammarie-sur-Saulx.
Erize-la-Brûlée.
Erize-la-Grande.

Foucaucourt.
Fouchères.
Issoncourt.
Juvigny-en-Perthois.
Laheycourt.
Lavincourt.
Ligny-en-Barrois.
Lisle-en-Rigault.
Longeville.
Louppy-le-Château.
Marats (les).
Maulan.
Ménil-sur-Saulx.
Morlaincourt.
Naives-devant-Bar.
Noyers.

Revigny.
Robert-Espagne.
Rosières-devant-Bar.
Rupt-aux-Nonains.
Saint-Amand.
Savonnières-devant-Bar.
Savonnières-en-Perthois.
Seigneulles.
Sommaisne.
Sommelonne.
Trémont.
Tronville-en-Barrois.
Vaubecourt.
Véel.
Ville-sur-Saulx.
Villers-le-Sec.
Waly.

Arrondissement de Commercy.

Aulnois-sous-Vertuzey.
Badonvilliers.
Belrain.
Billy-sous-les-Côtes.
Bislée.
Bovée.
Boviolles.
Broussey-en-Blois.
Chalaines.
Chennevières.
Corniéville.
Courouvre.
Cousances-aux-Bois.
Creüe.
Dainville-Bertheléville.
Deuxnouds-aux-Bois.
Epiez.
Gérauvilliers.

Hattonchâtel.
Haumont-les-Lachaussée.
Houdelaincourt.
Lavignéville.
Loxéville.
Marson.
Mauvages.
Maxey-sur-Vaise.
Méligny-le-Petit.
Montbras.
Neuville-les-Vaucouleurs.
Nicey.
Pagny-la-blanche-Côte.
Pierrefitte.
Ranzières.
Reffroy.
Rigny-Saint-Martin.

Rouvrois-sur-Meuse.
Rupt-devant-Saint-Mihiel.
Saint-Benoît.
Saint-Germain.
Saint-Joire.
Saint-Mihiel.
Sauvoy.
Seuzey.
Taillancourt.
Thillombois.
Vacon.
Vaucouleurs.
Vaudeville.
Vaux-la-Petite.
Vaux-les-Palameix.
Viéville-sous-les-Côtes.
Ville-devant-Belrain.
Vouthon-Haut.

Arrondissement de Montmédy.

Arrancy.
Avioth.
Autréville.
Brabant-sur-Meuse.
Brandeville.
Breux.

Han-devant-Pierrepont.
Haraumont.
Houdelaucourt.
Inor.
Louppy-sur-Loison.

Moulins.
Thonne-la-Long.
Thonne-le-Thil.
Thonnelle.
Ville-devant-Chaumont.

Arrondissement de Verdun.

Beaumont.
Belrupt.
Béthincourt.
Blercourt.
Bras.
Buzy.
Châtillon-sous-les-Côtes.
Clermont-en-Argonne (1).

Combres.
Douaumont.
Gussainville.
Hennemont.
Malancourt.
Montblainville.
Moranville.

Mouilly.
Pintheville.
Rambluzin et Benoîtevaux.
Rouvres.
Sommedieue.
Trésauvaux.
Villers-sous-Pareid.

---

(1) Sauf sur les prairies situées aux abords du hameau de Vraincourt, dans la vallée de la rivière d'Aire. Dans ces prairies seules, le droit de vaine pâture a été maintenu.

VAINE PÂTURE
SUR LES FRICHES, TERRES INCULTES, EN JACHÈRES OU DÉPOUILLÉES DE LEURS RÉCOLTES (2).

Le Conseil général saisi, en exécution de la loi du 9 juillet 1889, des délibérations des Conseils municipaux demandant le rétablissement de la vaine pâture sur les friches, etc., a statué de la manière suivante :

« La plupart des communes du département ont demandé le maintien de la vaine « pâture sur les friches, terres incultes, en jachères ou dépouillées de leurs récoltes.

« La 3ᵉ Commission est d'avis d'accueillir toutes ces demandes.

« Le Conseil général a adopté cette proposition. (Délib. n° 40 du 16 avril 1890) ».

Le droit de vaine pâture sur les terres *arables* existe donc dans toutes les communes qui en ont demandé le rétablissement en vertu de la loi de 1889 et dans celles où ce droit s'exerçait antérieurement et qui n'en ont pas demandé la suppression, en vertu de la faculté que leur accordait la même loi.

BANS DE VENDANGES

Communes où le ban de vendanges a été établi ou maintenu.
(Délibération n° 39 du Conseil général de la Meuse du 24 août 1889)

Arrondissement de Bar-le-Duc.

Ancerville.
Bazincourt.
Brabant-le-Roi.
Brillon.
Chardogne.
Condé-en-Barrois.
Cousances-aux-Forges.
Cousancelles.
Erize-la-Brûlée.
Fains.
Génicourt-sous-Condé.
Géry.

Guerpont.
Haironville.
Lavincourt.
Longeaux.
Longeville.
Marats (les).
Menaucourt.
Ménil-sur-Saulx.
Morlaincourt.
Naix-aux-Forges.
Nançois-le-Petit.
Nettancourt.

Resson.
Rosnes.
Rupt-aux-Nonains.
Saint-Amand.
Savonnières-devant-Bar.
Seigneulles.
Silmont.
Tannois.
Tronville-en-Barrois.
Velaines.
Villers-aux-Vents.

Arrondissement de Commercy.

Apremont.
Boncourt.
Brixey-aux-Chanoines.
Buxerulles.
Buxières.
Epiez.
Frémeréville.

Gironville.
Jouy-sous-les-Côtes.
Liouville.
Loupmont.
Marson.
Montsec.
Nançois-le-Grand.

Neuville-les-Vaucouleurs.
Pagny-la-blanche-Côte.
Pagny-sur-Meuse.
Saint-Agnant.
Saint-Julien.
Sorcy-Saint-Martin.
Willeroncourt.

---

(2) Dans aucun cas et dans aucun temps, la vaine pâture ne peut s'exercer sur les prairies artificielles (art. 5 de la loi du 22 juin 1890). Il ne peut être dérogé à ce principe que dans le cas prévu par l'art. 12, où la vaine pâture serait fondée sur un titre et établie sur un héritage déterminé.

Arrondissement de Montmédy.

Brabant-sur-Meuse.	Forges.	Montigny-devant-Sassey.
Brandeville.	Gercourt-Drillancourt.	Moulins.
Bréhéville.	Haumont-près-Samogneux.	Murvaux.
Cléry-Petit.	Lion-devant-Dun.	Nepvant.
Consenvoye.	Lissey.	Regnéville.
Dannevoux.	Luzy.	Réville.
Écurey.	Milly.	Wavrille.

Arrondissement de Verdun.

Bonzée.	Herbeuville.	Thierville.
Champneuville.	Mesnil-sous-les-Côtes.	Thillot.
Châtillon-sous-les-Côtes.	Monthairons (les).	Trésauvaux.
Combres.	Mont-sous-Côtes.	Vacherauville.
Damloup.	Ronvaux.	Vaux-devant-Damloup.
Éparges (les).	Samogneux.	Ville-en-Woëvre.
Fleury-devant-Douaumont.	Sivry-la-Perche.	Watronville.
Haudiomont.		

BOIS D'AFFOUAGES

LOI DU 23 NOVEMBRE 1883, MODIFICATIVE DE L'ARTICLE 105 DU CODE FORESTIER RELATIF AU PARTAGE DES BOIS D'AFFOUAGES.

ARTICLE UNIQUE. — S'il n'y a titre contraire, le partage de l'affouage, en ce qui concerne les bois de chauffage, se fera par feu, c'est-à-dire par chef de famille ou de maison, ayant domicile réel et fixe dans la commune, avant la publication du rôle. Sera considéré comme chef de famille ou de maison tout individu possédant un ménage ou une habitation à feu distincte, soit qu'il y prépare la nourriture pour lui et les siens, soit que, vivant avec d'autres à une table commune, il possède des propriétés divisées, qu'il exerce une industrie distincte, ou qu'il ait des intérêts séparés.

En ce qui concerne les bois de construction, chaque année le Conseil municipal, dans sa session de mai, décidera s'ils doivent être, en tout ou en partie, vendus au profit de la caisse communale ou s'ils doivent être délivrés en nature.

Dans le premier cas, la vente aura lieu aux enchères publiques par les soins de l'administration forestière ; dans le second, le partage aura lieu selon les formes et le mode indiqués pour le partage des bois de chauffage.

Les usages contraires à ce mode de partage sont et demeurent abolis.

Les étrangers qui rempliront les conditions ci-dessus indiquées ne pourront être appelés au partage qu'après avoir été autorisés, conformément à l'article 13 du Code civil, à établir leur domicile en France.

www.ingramcontent.com/pod-product-compliance
Lightning Source LLC
Chambersburg PA
CBHW060726050426
42451CB00010B/1649